*2 novembre 1852.*

# CATALOGUE
D'UNE COLLECTION
DE
# TABLEAUX
## ANCIENS ET MODERNES,
### DES DIVERSES ÉCOLES
ET D'UNE SUITE DE
## PORTRAITS HISTORIQUES, DES DESSINS ET ESTAMPES,
ET
## D'OBJETS DE CURIOSITÉ,

Vases étrusques, Faïences anciennes, Porcelaines de Saxe et de Chine, Émaux, Ivoires, Terres cuites, Bronzes, Marbres, Meubles en bois sculpté, etc., etc.,

Provenant du Cabinet de M. le Vicomte de M*[...]*

DONT LA VENTE AURA LIEU

**POUR CAUSE DE DÉCÈS,**

LES LUNDI 22, MARDI 23, ET MERCREDI 24 NOVEMBRE 1852,
à une heure précise,

**EN L'HOTEL DES VENTES**
## RUE DROUOT,
Grande Salle des objets d'arts, au premier étage.

Par le ministère de M<sup>e</sup> **PERROT**, Commissaire-Priseur,
quai des grands Augustins n° 55.
Assisté de M. **DEFER**, Expert, quai Voltaire, n. 21.
*Chez lesquels se distribue le présent Catalogue.*

**EXPOSITION PUBLIQUE**
Les Samedi 20 et Dimanche 21 Novembre, de midi à quatre heures.

## PARIS
**MAULDE ET RENOU,**
IMPRIMEURS DE LA COMPAGNIE DES COMMISSAIRES-PRISEURS,
Rue de Rivoli prolongée.

**1852**

*Exemplaire de Beurdeley père*

## ORDRE DES VACATIONS.

1ᵣᵉ VACATION. *Lundi 22 Novembre.* Du n° 1 au n° 120. Dessins et Tableaux.

2ᵉ VACATION. *Mardi 23 Novembre.* Du n° 121 au n° 218. Tableaux et Estampes.

3ᵉ VACATION. *Mercredi 24 Novembre.* Du n° 219 au n° 371. Objets de curiosités.

L'ordre numérique sera rigoureusement suivi, et l'on commencera à une heure précise, les vacations étant chargées.

La suite des douze Marines désignées au Catalogue en supplément, sera vendue dans la 2ᵉ vacation, le Mercredi 24 novembre, à quatre heures.

## CONDITIONS DE LA VENTE.

Elle sera faite expressément au comptant.

Les adjudicataires paieront cinq pour cent en sus de leurs adjudications.

# DÉSIGNATION
# DES TABLEAUX.

1re VACATION. — *Lundi 22 Novembre.*

## DESSINS, GOUACHES, PASTELS, FIXÉS.

1 — ECOLE FRANÇAISE. Portrait de Mignard, dessin à la sanguine.
2 — Portrait du Pujet, dessin aux crayons noir et blanc sur papier bleu.
3 — Un portrait, dessin lavé au bistre.
4 — Deux dessins d'après Richard, Charles VII et Agnès Sorel.
5 — RIGAUD. Portrait d'homme sous Louis XIV, dessin aux crayons noir et blanc sur papier bleu.
6 — GILLOT. Deux dessins à la sanguine.
7 — Trois dessins études à la sanguine, par Jéaurat, Fragonard, etc.
8 — FRAGONARD. Les Noces de Cana, d'après Paul Veronèse. Dessin à la pierre d'Italie.
9 — CASANOVE. Deux chevaux dans une écurie, dessin sur papier bleu rehaussé de blanc.

10 — VAN DYCK (école de). Étude d'un portrait d'homme, au crayon.

11 — ÉCOLE ITALIENNE. Saint Thomas enlevé au Ciel, dessin au bistre et rehaussé.

12 — ROSA, 1754 (Joseph). Troupeau de béliers. Dessin au crayon.

13 — NANTEUIL (Robert). Michel Le Tellier, dessin à la mine de plomb.
— Un dessin au crayon, personnage de la cour de Louis XIV.

14 — PANINI. Entrée à Rome de Christine de Suède. Dessin à la plume au bistre et lavé à l'encre.

15 — BOUCHER. Jeune blanchisseur. Dessin à plusieurs crayons. Signé.

16 — Tête d'ange, dessin aux crayons noir et blanc.

17 — NICOLLE. Vues de Rome, cinq petites aquarelles.

18 — JULES ANDRÉ (M.) Très grand paysage, dessin aux crayons noir et blanc.

19 — Vue de la place de Saint-Marc à Venise. Gouache.

20 — Deux miniatures. Portrait de Mignard, peintre, et celui de la comtesse de Feuquières, sa fille.

21 — Un cadre contenant deux miniatures, genre de Petitot, et un petit portrait peint sur cuivre.

22 — Un cadre contenant quatre portraits et sujets en miniature, dont Racine, un car-

dinal, Pan et Syrinx, et une scène d'un conte de Lafontaine.

23 — Deux gouaches anciennes, composition d'un grand nombre de figures représentant des scènes idylliques.

24 — Miniature très ancienne, elle représente un seigneur et une dame en pied dans un intérieur à tentures fleurdelisées, au coin vers la gauche deux armoiries.

25 — M⁽ᵉ⁾ GUIARD LABILLE. Voltaire assis près d'une table, il est vu jusqu'aux genoux. Peint au pastel.

26 — Trois fixés par Sueback et Bertin.

## TABLEAUX.

### ÉCOLE ITALIENNE.

27 — PEINTURE BYSANTINE. La Vierge et l'Enfant-Jésus.

28 — Vierge et Enfant-Jésus, peinture bysantine, dans un cadre sculpté.

29 — Un cadre contenant deux petites peintures sur cuivre, Vierge, d'après C. Dolce, et jeune flamand.

30 — ÉCOLE ITALIENNE. Fragment d'un tableau en détrempe. École primitive.

31 — TINTORET (d'après). Deux sujets de la fable.

32 — ÉCOLE ESPAGNOLE. Une Madone et l'Enfant Jésus. Tableau sur cuivre.

33 — Saint Joseph tenant l'Enfant-Jésus.
34 — ÉCOLE ITALIENNE. Portrait de J. Caralius, graveur de l'école de Marc-Antoine et celui de Nicolo Avencius, ces deux portraits sur bois et dans un même cadre.
35 — Nature morte, fruits, raisin, melon, etc.
36 — PINTURICCHIO. La Vierge offre un jasmin à l'Enfant-Jésus qu'elle tient sur ses genoux, plus loin le jeune saint Jean les bras croisés sur sa poitrine. Tableau sur ancien panneau italien.

### ÉCOLE FRANÇAISE.

37 — ÉCOLE FRANÇAISE. Dame de la cour de Louis XVI, elle est à mi-corps dans un ovale.
38 — Portrait d'une dame de la cour de Louis XIV.
39 — Portrait d'un seigneur de la cour de Louis XIV.
40 — Le prince de Condé en petit saint Jean, il est vu en buste, une croix à la main. Bois.
41 — ÉCOLE FRANÇAISE. Le prince de Condé vu en buste dans un ovale.
42 — Portrait de Carle Vanloo, peintre. Bois.
43 — Portrait d'un peintre décoré du cordon de l'ordre de Saint-Michel, il tient un crayon de la main droite.
44 — Louis XIV enfant décoré de l'ordre du Saint-Esprit.

45 — Portrait d'un personnage du temps de Louis XIV, cuirassé et décoré de l'ordre du Saint-Esprit ; il tient son casque de la main gauche.

46 — Dame de la cour de Louis XIII, elle est assise, vue jusqu'aux genoux, vêtue d'un riche costume, elle tient un éventail de la main droite.

47 — Comédienne dans le rôle de Cléopâtre. Époque de Louis XIV.

48 — Portrait d'un premier président au parlement en 1700, il est vu jusqu'aux genoux tourné vers la gauche, vêtu d'une robe rouge et décoré du cordon du St-Esprit.

49 — Un homme prenant une tasse de thé, il est vu jusqu'aux genoux. Portrait présumé celui de Fontenelle.

50 — Portrait d'un militaire au commencement du règne de Louis XIV. Il est représenté à mi-corps, cuirassé et tourné à droite, la main gauche appuyée sur son casque.

51 — Portrait en pied de la duchesse de Berry, fille du régent, elle est assise, enveloppée d'une draperie, près d'elle deux lévriers et divers accessoires, par Desportes. Ce tableau est attribué au régent lui-même.

## ÉCOLES FLAMANDE ET HOLLANDAISE.

52 — ÉCOLE FLAMANDE. Sujet historique.

53 — Jeune flamande en pied, elle tient un œillet de la main droite, et de la gauche prend des raisins d'un plat posé sur une table.

54 — Portrait en pied d'un jeune seigneur, se dirigeant vers la gauche, à ses pieds un chien.

55 — Portrait d'un homme tenant une tablette.

56 — Portrait d'homme à mi-corps, tourné vers la gauche.

57 — Portrait d'homme vu jusqu'aux genoux, il est cuirassé, il porte la main gauche sur son casque. Tableau sur cuivre.

58 — Une princesse flamande en 1623, à l'âge de 31 ans, et son fils âgé de 10 ans et sa fille de 8 ans, d'après les inscriptions qui se voient sur le tableau.

59 — Un jeune enfant assis dans un paysage, il tient en laisse un mouton.

60 — Portrait d'Isabelle d'Autriche, femme de Charles IX. Bois.

61 — Un seigneur et sa femme, à genoux dans un paysage, invoquent la sainte Vierge. Tableau sur cuivre très fin d'exécution.

62 — ÉCOLE HOLLANDAISE. Intérieur de l'atelier d'un peintre et intérieur de l'atelier d'un alchimiste. Deux tableaux.

63 — Houet (Gérard). sujet inconnu.
64 — Mirevelt. Portrait à mi-corps d'un personnage flamand vêtu d'une pelisse bordée de fourrure et le cou entouré d'une fraise.
65 — Van der Pluage. Nature morte, des fruits, des huîtres et du jambon.
66 — Fyt (attribué à). Tableau d'animaux.
67 — Dujardin (d'après Carle). Paysage avec animaux, le matin.
68 — Van Artois. Paysage avec figures.
69 — Van Artois. Paysage, entrée d'un bois que borde une rivière. Tableau sur bois.
70 — De Hem. Sur une table un homard, des raisins et autres fruits. Bois.
71 — De Hem (genre de). Nature morte.
72 — De Hem (d'après). Nature morte, copie d'un tableau du Musée du Louvre.
73 — Moro 1570 (Antoine). Elisabeth d'Autriche, reine de France et femme de Charles IX. Elle est vue à mi-corps dans un riche costume.
74 — Netscher (Constantin). Portrait d'une princesse de la maison d'Orange, en 1719.
75 — Netscher (Constantin). Portrait d'homme vu jusqu'aux genoux, il est appuyé contre une balustre.
76 — Netscher (Constantin). Portrait d'homme.
77 — Netscher (Gaspard). Dame assise tournée vers la droite, elle a les mains croisées.

78 — Netscher (attribué à Gaspard). Jeune fille hollandaise vue jusqu'aux genoux, la main appuyée sur une chaise.

79 — Gonzalès Coque, 1687. Une princesse d'Orange, elle est vue jusqu'aux genoux, tenant une rose dans la main droite.

80 — Mieris, peintre (Jean Van). Son portrait, on lit : Jean Van Mieris, peintre, né à Leyden en 1660, mort à Rome en 1690. Bois.

81 — Pierre Lelly. Portrait d'une lady, elle est vue jusqu'aux genoux. Tableau sur cuivre, très fin.

82 — Van Dyck (école d'Antoine). Portrait en pied de Gaston d'Orléans. Tableau sur bois.

83 — Marie de Lorraine, duchesse d'Orléans représentée en pied. Tableau sur bois.

84 — Porbus. Princesse dans le riche costume florentin du XVIe siècle, elle est debout, vue jusqu'aux genoux, la main droite appuyée sur le dos d'une chaise. Portrait curieux sur bois.

85 — Porbus. Portrait présumé du maréchal de Biron.

86 — Weenix (Jean-Baptiste). Nature morte, cygne, lièvre et faisan. Très grand tableau largement peint, il porte la signature du maître.

87 — HUISMANS DE MALINES. Paysages avec roches sabloneuses. Deux tableaux en pendant.
88 — VAN DER MEULEN (attribué à). Portrait présumé du prince de Condé. Il est vu jusqu'aux genoux, tenant une canne de la main droite et la gauche posée sur la hanche.

### ÉCOLE ALLEMANDE, XV<sup>e</sup>, XVI<sup>e</sup> ET XVII<sup>e</sup> SIÈCLES.

89 — LUCAS CRANACH. La reine Anne, à l'âge de 16 ans, en 1520, elle est vue à mi-corps et tient un chien dans ses bras. Tableau curieux pour le costume, il est sur bois.
90 — DU MÊME. Charles-Quint enfant et sa mère. Tableau sur bois, curieux pour les costumes.
91 — ÉCOLE ALLEMANDE, XV<sup>e</sup> siècle. Un Tryptique, le milieu représente un Calvaire et la Vierge évanouie au milieu des Saintes Femmes. Au volet de droite le Christ mis au tombeau. Au volet de gauche le Christ portant sa croix.
92 — La Vierge, l'Enfant-Jésus et saint Joseph. Tableau sur bois.
93 — Portrait d'homme, il est à mi-corps, il tient une pensée et une légende de chaque main.
94 — Assomption de la Vierge, composition de quinze figures. Tableau sur bois, au verso

un apôtre sur un fond d'ornement et doré.

95 — ÉCOLE ALLEMANDE, XVII° siècle. Prince palatin vu en pied, en manteau ducal.

ÉCOLE FRANÇAISE.

96 — ÉCOLE FRANÇAISE. Portrait d'homme en habit gris.

97 — Jeune femme avec un enfant, tous deux à mi-corps, présumés M°° de Maintenon et le duc du Maine.

98 — Portrait du Puget, peintre et sculpteur.

99 — Portraits à mi-corps de Philippe de Champaigne et de Van-der-Meulen.

100 — Portrait de Philippe Mauvel de Collanges ; il est vu à mi-corps ; il tient un masque de la main droite.

101 — La Dauphine : portrait dans le goût de Mignard.

102 — Portrait d'une dame de la cour de Louis XVI. Tableau ovale

103 — NOCRET, peintre ; il tient une palette de la main gauche.

104 — Portrait de la duchesse de Bourgogne.

105 — Petit portrait d'une dame de la cour de Louis XIV.

106 — Petit portrait du duc de Mayenne.

107 — Un Cardinal en adoration devant un crucifix. L'église Notre-Dame, que l'on aperçoit dans le fond, semble indiquer un archevêque de Paris.
108 — Portrait d'une jeune femme le sein découvert. Elle est assise devant une table.
109 — Un cadre contenant quatre portraits sur cuivre; de ce nombre un de femme et trois d'homme. Époque de Louis XIII et Louis XIV.
110 — Portrait d'homme époque Louis XVI.
111 — Portrait d'un théologien.
112 — Portrait de dame sous Louis XV. Elle est à mi-corps tournée vers la droite.
113 — Portrait de femme en costume de veuve, époque du Régent.
114 — Portrait de Pucelle, conseiller au parlement.
115 — Intérieur d'atelier. Une jeune femme lit appuyée près d'une table.
116 — Portrait d'homme, la main gauche appuyée sur un portefeuille, époque Louis XV.
117 — Genre de Rigaud. Portrait d'homme, il est assis près d'une table.
118 — Portrait à mi-corps de Thomas Corneille.
119 — Portrait d'un théologien.
120 — Tête de jeune garçon mourant.

2ᵐᵉ VACATION. — *Mardi 23 Novembre.*

### ÉCOLE FRANÇAISE.

121 — BLIN DE FONTENAY. Fruits en guirlande autour d'un vase.

122 — FERDINAND. Portrait à mi-corps d'un géomètre.

123 — COYPEL (Charles). Tête de Mˡˡᵉ Adrienne Lecouvreur.

124 — BAPTISTE MONNOYER. Bouquet de fleurs dans un vase.

125 — BOQUET, 1774. Portrait de Vien, peintre.

126 — NOCRET. Portrait d'homme à mi-corps, la main appuyée sur un livre dont le dos indique les *Essais de Montaigne.*

127 — NATIER. Portrait de dame sous Louis XV.

128 — Portrait de dame sous Louis XV, elle est enveloppée d'une draperie orange.

129 — Portrait d'un jeune marin sous Louis XV.

130 — La princesse Sophie, fille de Louis XV, peinte en Diane chasseresse, assise dans un paysage.

131 — DUPLESSIS. Portrait de Necker, forme ovale.

132 — Mirabeau. Il est assis devant une table sur laquelle est le buste de Brutus. Dans le fond, un tableau de David : *La Mort du Fils de Brutus.*

133 — Letellier. 1778. Portrait de Louis XVI, vu à mi-corps, tourné vers la gauche, dans un ovale.

134 — Lenain. Portrait de Cinq-Mars, à mi-corps.

135 — Lefebvre (Claude). Portrait d'homme à mi-corps, en manteau, sur lequel est une croix de Malte ; il tient de la main gauche un plan.

136 — Ferdinand. Portrait de Philippe - Julien Mancini, duc de Nevers, buste dans un ovale.

137 — Blanchet (L.-G.). Portrait d'homme vu à mi-corps, en habit orné de fourrure et de brandebourgs. Ce tableau est signé L.-G. Blanchet, Romæ, 1754.

138 — Tournière. Portrait d'homme à grande perruque ; il est assis. Esquisse.

139 — Musiciens de la chapelle de Louis XIV ; ils sont assis autour d'une table, faisant de la musique ; parmi eux se remarque Lully.

140 — Rosselin le Suédois. Le comte d'Artois jeune, portrait donné par lui à son confesseur, l'abbé Soldini, en 1771. Cadre du temps richement sculpté avec cartouche.

140 bis — Oudry. Chien poursuivant des canards dans des roseaux.

141 — Lemoine. Diane et Actéon, et Cyclope, deux tableaux ayant été placés dans des trumeaux au château de Fontainebleau.

142 — Stella (Jacques). Sainte-Famille peinte sur albâtre.

143 — Jean de Saint-Jean. Portrait d'une dame de la cour du Régent; elle a sa fille auprès d'elle.

144 — Portrait en pied d'Anne de Souvré, marquise de Louvois, en 1694.

145 — Restout. Portrait d'homme sous Louis XV.

145 bis — Portrait du peintre; il est à mi-corps, la palette à la main.

146 — Detroy. Portrait du peintre; il est vu jusqu'aux genoux, il tient sa palette de la main gauche. Ce portrait est gravé.

147 — Martin. Fondation du jardin d'histoire naturelle. On remarque au premier plan le roi Louis XIV visitant l'emplacement où ce jardin est projeté.

148 — Mignard. Portrait de M<sup>me</sup> de Maintenon, de grandeur naturelle, vue jusqu'aux genoux.

149 — Portrait d'une dame de la cour de Louis XV; elle est vue en buste et le bras appuyé sur un coussin. Tableau ovale.

150 — La Duchesse de Montpensier en Minerve.

151 — Portrait de M<sup>lle</sup> de Fontange, maîtresse de Louis XIV, représentée à mi-corps dans un ovale.

152 — Mignard (attribué à). M<sup>me</sup> de Montespan en Madeleine. Tableau sur bois.

153 — Mignard (école de). Portrait de jeune dame de la cour de Louis XIV, vue de face et tournée vers la droite.

154 — Un jeune enfant en pied dans un riche costume indiquant un prince de la maison royale de France.

155 — Champagne (Philippe de). Portrait de Mazarin, tableau sur bois, très fin d'exécution.

156 — Portrait d'une dame âgée, à mi-corps tourné vers la gauche, les deux mains croisées et tenant un éventail.

157 — Personnage du temps de Louis XIV; il est à mi-corps, la tête couverte d'une calotte; il est décoré de l'ordre du Saint-Esprit.

158 — Rigaud. Portrait de Voyer, marquis d'Argenson; il est assis vu jusqu'aux genoux, et tourné vers la gauche.

159 — Portrait d'un littérateur sous Louis XIV; il est à mi-corps dans un ovale; il tient un rouleau de papier de la main droite.

160 — Portrait de Boileau-Despréaux, représenté à mi-corps tourné vers la gauche; il tient une plume à la main et appuie l'autre sur un portefeuille.

161 — Portrait de grandeur naturelle d'un des fils de Louis XIV; il est représenté vu jusqu'aux genoux, la main gauche posée sur un casque, et de la droite tenant le bâton de commandant fleurdelisé; il est décoré du cordon bleu; le fond offre un combat de cavalerie.

162 — Portrait en pied et de grandeur naturelle du duc d'Orléans, régent ; il est représenté dans l'attitude du commandement, tenant de la main droite le bâton fleurdelisé ; il est décoré du cordon de l'ordre du Saint-Esprit ; dans le fond du tableau, le siége d'une ville.

163 — RIGAUD (École de). Desjardins, sculpteur.

164 — Portrait de Boileau-Despréaux.

165 — CARMONTEL. Un jeune seigneur et une jeune dame dans un intérieur d'appartement, époque Louis XVI.

166 — JOUVENET. Portrait d'homme assis, tenant une tabatière de la main droite, et son bonnet de la main gauche appuyée sur une chaise.

167 — VANLOO. M$^{me}$ Boucher en vestale.

168 — LARGILLIÈRE (Nicolas). Nicolas Coustou, sculpteur, vu jusqu'aux genoux dans son atelier. Bon tableau.

169 — Portrait d'homme à mi-corps ; il tient son manteau de la main droite. Ovale avec cadre sculpté.

170 — Portrait de J.-B. Colbert, archevêque de Toulouse.

171 — Portrait de M$^{me}$ de *** sous la figure de Pomone ; elle est vue jusqu'aux genoux, montrant de la main droite des fleurs placées à droite du tableau qui est signé N. de Largillière, 1750.

172 — Portrait d'Étienne Gantrel, graveur au burin.

173 — Beau portrait d'homme, du règne de Louis XIV, représenté à mi-corps dans un ovale.

174 — LARGILLIÈRE (Attribué à). Scène de famille; composition de neuf personnages de grandeur naturelle diversement groupés, présumés Mansart et sa famille. Très grand et bon tableau.

175 — JANET (François) et peintres contemporains. Henri II, roi de France, 1559, vu à mi-corps. Peint sur bois.

176 — François de France, duc d'Alençon, à mi-corps. Bois.

177 — Gaspard de Coligny, maréchal de France, en 1514. Bois.

178 — Louise de Montmorency, épouse du Connétable. Bois.

179 — Seigneur de Chatillon. Bois.

180 — Seigneur de la cour de Henri II. Bois.

181 — Diane de Poitiers, duchesse de Valentinois. Tableau sur bois.

182 — Ferdinand I$^{er}$, empereur d'Allemagne, vu à mi-corps. Bois.

183 — ÉCOLE FRANÇAISE, XVI$^e$ siècle. Procession du temps de la ligue, très-grand et curieux tableau du temps, il est divisé en deux parties.

184 — ÉCOLE FRANÇAISE, XVI$^e$ siècle. Deux por-

traits de femme du règne de Charles IX,
Bois.

185 — Portrait d'une dame de la cour de François I.er à mi-corps tenant un livre.

186 — Portrait d'homme, 1608, peint sur cuivre.

187 — Charles, duc de Bourbonnais, d'Auvergne et de Chatillon, etc., qui demeurait à Rome en l'an 1527, au mois d'août (sic). Ancien tableau sur bois.

188 — ÉCOLE FRANÇAISE, 1587. Portrait d'un jeune homme vu à mi-corps. Tableau sur bois.

189 — CHARDIN (attribué à). Une dame assise devant une table, elle va prendre son thé. Ce portrait est présumé celui de M.me de Graligny.

190 — PERRONNEAU, 1776. Une dame occupée à faire de la tapisserie, présumée M.me de Geoffrin.

191 — TOCQUÉ (Louis). M. de Menars, marquis de Marigny. Ce portrait est gravé par Wille.

192 — RIVALS (Antoine), peintre toulousain; il est vu jusqu'aux genoux dans son atelier.

193 — BOILLY. A l'entrée d'un parc un jeune enfant offre une rose à une jeune fille. Bois.

194 — DROLING (Martin). Aveugle jouant du violon à la porte d'une chaumière. Joli tableau sur bois.

195 — LE SAINT. Intérieurs d'églises. Deux tableaux.

196 — GIRARD. — Intérieur de forêt.

197 — Signol. Scène italienne, un enterrement à
    Rome.
198 — Taunay. Paysage par un temps orageux.
199 — Bertin. Paysage, site d'Italie.
200 — Taunay. Sujets de l'histoire de Paul et
    Virginie. Deux tableaux.
201 — Bidault. Paysages avec cascade. Deux ta-
    bleaux de forme ronde.

## ESTAMPES ENCADRÉES ET EN FEUILLES.

202 — Bervic. Portrait en pied de Louis XVI,
    d'après Callet.
203 — Cousins. Le pape Pie VI, d'après Laurence.
204 — Massard. Louis XVIII en costume du sacre.
205 — Desnoyers (M.) L'empereur Napoléon en
    costume du sacre, d'après Gérard. Belle
    épreuve avec l'aigle.
206 — Richomme. Adam et Ève, d'après Raphaël
    (estampe).
207 — ――― Galathée, d'après Raphaël, et Thé-
    tis portant l'armure d'Achille, d'après
    Gérard. Deux pièces.
208 — Massard. Atala, d'après Girodet. Hippo-
    crate, d'après Girodet.
209 — Laugier. Zéphir, d'après Prud'hon, Da-
    phnis et Chloé, d'après M. Hersent.
210 — Girard. Louis XVIII dans son cabinet,
    d'après Gérard.

211 — Massard. Homère, d'après Gérard.
212 — Desnoyers (M.) Bélisaire, d'après Gérard.
213 — Wischer. Deux paysages, d'après Berghem.
214 — Christ au tombeau, d'après André del Sarte, et Nativité, d'après Mengs. Deux estampes.
215 — Orphée, d'après Drolling, Endymion, d'après Girodet. Deux estampes par Garnier et Châtillon.
216 — Grande vue générale de Rome, prise du mont Janicule, estampe gravée à l'eau forte.
217 — Plusieurs portefeuilles d'estampes d'artistes, vues de Venise, gravées à l'eau forte par Canaletti, animaux par Londonio, costumes italiens par Pinelli. Paysages à l'eau forte, par Blery. Des Portraits par Nanteuil, Drevet, Edelinck, etc. Cet article sera divisé.
218 — Lithographies, études de paysages, de fleurs, divers sujets et chevaux, par Carle et Horace Vernet. Cet article sera divisé.

## 3ᵐᵉ VACATION. — Mercredi 24 Novembre.

# OBJETS DE CURIOSITÉS.

**Antiquités, Verroterie, Porcelaines, Faïences anciennes, Emaux, Ivoire, Bronze, Terre cuite, Marbre, etc., etc.,**

## VASES ÉTRUSQUES.

219 — Vases grecs et étrusques, lampes, etc., en terre et en verres provenant de fouilles en Italie. Cet article sera divisé.
220 — Un grand vase grec de Nola.
221 — Deux Amphores de très-grande dimension.
222 — Cinq bouteilles et vases grecs en verre.
223 — Un vase étrusque à deux anses, figure noire.
224 — Un canope égyptien en grès.

**Verrerie ancienne, Vitraux, Glace de Venise, etc.**

225 — Une aiguière et son plateau à pan coupé, en cristal de roche et montée en vermeil. Jolie pièce.
226 — Un verre en cristal, monté en forme de ciboire sur pied en bronze doré.

227 — Une corbeille et son plateau en cristal taillé.
228 — Un verre sur pied de serpent, colorié.
229 — Bouteille à liqueurs et douze verres en cristal taillés et dorés.
230 — Un verre de Venise, monté sur pied, en bronze doré, avec figure d'enfant, en argent.
231 — Un grand cornet en verre.
232 — Deux verres anciens et plateau en cristal.
233 — Quatre flacons et bouteilles en verre ancien.
234 — Un grand verre à pied, forme de ciboire, cristal taillé, ancien.
235 — Deux flacons, verres colorés.
236 — Huit verres de Venise, assiettes, coupes gravées et filigranées. Cet article sera divisé.
237 — Douze anciens verres à pied, plusieurs gravés.
238 — Huit vitraux anciens pour une porte.
239 — Un miroir biseauté dans son cadre en ébène.

### Porcelaine de Chine, de Saxe, etc.

240 — Deux petites potiches en porcelaine du Japon.
241 — Bouteille à deux anses, en porcelaine du Japon.
242 — Potiche, bouteille et plateau en porcelaine de Chine. Trois pièces.

243. — Deux petites tasses et leurs soucoupes en porcelaine de Chine.
244 — Six vases et cornets en porcelaine de Chine. Cet article sera divisé.
245 — Deux figurines en porcelaine de Chine.
246 — Figurines et groupes en porcelaine de Saxe. Trois pièces.
247 — Deux vases en porcelaine de Saxe, montés en cuivre, style rocaille.

**Faïences anciennes de Bernard de Palissy, Faïences italiennes, Grès de Flandre, et autres objets en Terre des XV<sup>e</sup>, XVI<sup>e</sup> et XVII<sup>e</sup> siècles.**

248 — Un beau vase à deux anses, en faïence, bleu azuré.
249 — Un vidercome en faïence de Palissy.
250 — Deux plateaux et une corbeille en faïence ancienne.
251 — Deux vases aiguières et une coquille en faïence ancienne.
252 — Un vase et une bouteille en faïence ancienne.
253 — Une aiguière XVI<sup>e</sup> siècle, en faïence brune.
254 — Deux vases et bouteilles en faïence ancienne.
255 — Baptême de Saint-Jean, plat de Bernard de Palissy.

256 — Femme tenant un enfant en maillot sur ses genoux, statuette en faïence de Bernard de Palissy.

257 — Une bouteille en faïence, avec l'écusson de France, aux fleurs de lis et la date de 1666.

258 — Deux plats en faënza, représentant Moïse sauvé des eaux et l'autre un arquebusier.

259 — Trois salières du xvi° siècle, en faïence italienne. Cet article sera divisé.

260 — Bouteilles et dauphin, en faïence ancienne. Quatre pièces.

261 — Vases, bouteilles, corbeilles, etc. Six pièces en faïence ancienne.

262 — Deux grands plats en faïence ancienne, représentant des chasses.

263 — Curieuse bouteille en faïence ancienne. La panse à jour laisse voir dans l'intérieur un moine.

264 — Trois pots en grès de Flandre.

265 — Canette en grès de Flandre, avec couvercle en étain.

266 — Un grand pot en grès de Flandre.

267 — Bouteilles et Vidercome, en grès de Flandre. Quatre pièces.

**Émaux, Bijoux et Objets divers.**

268 — La Vierge assise sur des nuages; elle tient l'Enfant Jésus sur ses genoux, bel émail du xvi° siècle d'après Raphaël; il est

de forme ovale et bien conservé. Aux quatre coins, des petits émaux, sujets pieux.

269 — Tête de vieillard, bel émail du xvi° siècle.
270 — Deux anciennes salières, formes contournées, fond bleu de roi à médaillons.
271 — Quatre autres petites salières en émail, fond vert, médaillons.
272 — Petite assiette avec portrait de femme romaine.
273 — Plusieurs plaques en émail, représentant des saints et des personnages de la cour de Louis XIV. Cet article sera divisé.
274 — Deux coupes émaillées.
275 — Deux boitiers de montres anciennes émaillés du xvi° siècle.
276 — Une châtelaine, en filigrane, xvi° siècle.
277 — Trois paires de boucles d'oreilles en filigrane, etc., xvi° et xvii° siècles.
278 — Cinq bagues chevalières moyen âge, en fer, en ivoire, en bronze et en argent, plusieurs avec ciselure.
279 — Quatre boutons, imitation de diamants, montures anciennes.
280 — Un reliquaire gothique, en argent.
281 — Deux ciboires repoussés et ciselés.
282 — Deux petits plats en étain, de Briot. Un représente au milieu Ferdinand II d'Autriche.
283 — Un plat en étain de Briot, d'après les dessins d'Étienne Delaulne, très-fin.

284 — Un gobelet en argent
285 — Coffret en velours rouge, avec ferrements, en cuivre ayant appartenu à Henri IV.
286 — Autre coffret en velours vert, avec ferrements en cuivre.
287 — Coffret en fer et serrure ancienne, XVᵉ siècle.
288 — Une rondache et une hallebarde.

## IVOIRES SCULPTÉS.

289 — Deux sujets de Vierges, en ivoire, ayant fait partie de Dyptique.
290 — L'Enfant-Jésus, le pied sur une tête de mort.
291 — Sainte Catherine, en pied ; elle tient une épée.
292 — Saint Antoine, en pied.
293 — Buste de saint Luc, évangéliste.
294 — Buste de saint Vincent de Paul.
295 — Saint Nicolas, évêque, Statuette.
296 — Enfant en ivoire, style de François Flamand ; il est posé sur une boule en agate.
297 — Un petit coffret.
298 — Deux manches de couteaux.
299 — Plusieurs boîtes en ivoire sculpté seront divisées sous ce numéro.

300 — Deux râpes à tabac, avec figures de Vénus et l'Amour, et des arabesques sculptées.
301 — Vénus et Adonis et Diane. Petit bas-relief ovale.
302 — Deux fragments ivoire sculptés.
303 — Adam et Eve. Bas-relief du XVI° siècle. Cadre en bois, époque Louis XIII.
304 — Louis XIV et le Grand Dauphin. Deux portraits médaillons sculptés en ivoire.
305 — Un cadre contenant le buste d'une princesse italienne, sculpté en bois, et celui d'un prince allemand, sculpté en ivoire.
306 — Descente de Croix d'après Rubens, ivoire sculpté; dans une couronne ovale et dans un cadre en bois finement sculpté.

## SCULPTURES.

**Terre cuite, Albâtre, Biscuit, Cire, etc.**

307 — Un grand vase en terre cuite, style de Clodion, la panse ornée de Tritons, Néréides et autres divinités marines.
308 — Groupe de Vénus et l'Amour.
309 — Femme sortant du bain.
310 — Deux statuettes. Antinoüs et Euterpe, d'après l'antique.
311 — Deux Statuettes. Un apôtre et une femme voilée tenant une couronne.

812 — Groupe de l'Amour couronnant un jeune enfant ailé.
313 — Faunes et Satyres. Cinq bas-reliefs en terres cuites, par Clodion et autres. Cet article sera divisé.
314 — Nymphe et Vénus couchées. Deux gracieuses terres cuites.
315 — Nymphe et jeune fille couchée. Deux terres cuites. xviii° siècle.
316 — Deux Statuettes, Erigone et Endymion.
317 — Statuette de Voltaire.
318 — Le Grand Condé, petit buste.
319 — Une bacchante, statuette par Marin.
320 — Deux statuettes en terre cuite.
321 — Psyché et l'Amour, gracieux groupe en biscuit.
322 — Les Trois Grâces, groupe en albâtre monté sur pied en bronze doré, style renaissance.
323 — Nativité et Vierge sur les nues, deux albâtres dans un même cadre.
324 — Huit portraits de divers personnages en cire coloriée, ce sont Rubens, Lugano, Dominiquin, etc.
325 — Un cadre contenant trois figures de femmes en cire, et un autre cadre où est placée la Nativité aussi en cire.
326 — Un vase en terre rouge, époque Louis XVI.
327 — Buste en cire rouge de Marie-Louise, impératrice.

328 — Prométhée sur le rocher, terre cuite, par le gendre Hérald.
329 — Femmes sortant du bain, deux terres cuites.
330 — Un chien en terre cuite, un bois de cerf.

## BRONZES

### Statuettes, Pendules, Médailles.

331 — Un enfant en bronze, sur fût de colonne, en rouge antique, ornement en bronze doré, époque Louis XV.
332 — Deux petits bronzes florentins, le Bœuf et le Cheval, sur socle.
333 — Philosophe et Vestale, deux satuettes en bronze florentin, sur socle en rouge antique.
334 — Grand vase forme antique.
335 — Coquille en nacre gravée et montée sur pied en bronze doré, style renaissance.
336 — Alexandre VII, pape, médaille en bronze, 1661.
337 — Philibert, duc de Savoie, et Marguerite d'Anjou, 1501, médaille en bronze doré.
338 — Sainte Famille, repoussé en bronze doré.
339 — Mercure, petite statuette sur socle en marbre.
340 — Buste de Charles X.

342 — Médaillon en plomb d'une duchesse de Bourgogne, en 1470.
343 — Pendule en écaille et cuivre du nom de Gaudron à Paris, époque Louis XIV.
344 — Une pendule borne, en marbre vert de mer.

## MARBRES.

345 — Deux coupes en marbre.
346 — Coupe en marbre avec anse de serpent.
347 — Hermaphrodite de la Villa Borghèse.
348 — Vierge debout tenant l'Enfant-Jésus, dite *Notre-Dame de la Paix*, sculpture du XVI<sup>e</sup> siècle.
349 — Statuette de Voltaire, sur socle en marbre jaune de Sienne.
350 — Buste d'un empereur romain.
351 — Statuette d'ange.
352 — Une cuve forme antique en prophyre de Suède.
353 — Deux vases urne, en spath fluor.
354 — Deux tombeaux antiques en marbre avec sculptures.

## BOIS SCULPTÉS, MEUBLES ANCIENS ET DIVERS OBJETS.

355 — Atlas portant le monde, statuette en bois sculpté.
361 — Princesse française du temps de Henri IV, buste sculpté en bois.

357 — Jésus devant Pilate, groupe en bois sculpté et coloré.
358 — Buste d'enfant sur socle.
359 — Un retable gothique en bois sculpté et coloré, représentant le couronnement de la Vierge par Dieu le père et Dieu le fils, au milieu d'un concours de saints personnages et d'anges.
360 — Quatre colonnes torses à chapiteaux et entourées de ceps de vignes, sculptés en bois et dorés.
361 — Ancien bénétier en bois sculpté, il représente le baptême de saint Jean.
362 — Beau et très-grand soufflet vénitien en chêne richement sculpté.
363 — Un très grand et beau meuble en ébène, du XVᵉ siècle, d'une grande richesse de sculpture, à l'intérieur doubles portes et un grand nombre de tiroirs et panneaux avec peintures grisailles.
364 — Cinq fauteuils en bois sculpté, couverts en soie et tapisserie de diverses époques. Cet article sera divisé.
365 — Un grand bahut en bois richement sculpté à deux ventaux.
366 — Une table en bois à pied tors.
367 — Un grand paravent à six feuilles en soie et brodés en tapisseries, dessins chinois.
368 — Un tapis de Turquie.
369 — Un bel œuf d'autruche gravé.

— 34 —

370 — Oiseaux empaillés, un paon, un cygne et autres oiseaux.

371 — Sous ce numéro tous les objets omis en curiosités, qui seront vendus au commencement de la vacation ainsi qu'une quantité de statuettes en plâtre.

---

## SUPPLÉMENT AUX TABLEAUX.

1º — Combat de la frégate la Belle-Poule française contre la frégate l'Aréthuse anglaise, en 1778.

2º — Combat et prise de la frégate anglaise la Minerve par la frégate La Concorde, en vue du vieux Cap, île Saint-Domingue, le 22 août 1778.

3º — Combat et prise de la frégate Le Fox par la frégate La Junon, près l'île d'Ouessant, le 11 septembre 1778.

4 — Combat du 20 octobre 1778, à la hauteur de Lisbonne, par le Triton français contre le Jupiter et la Médée anglais.

5 — Combat à la hauteur de la Dominique, le 17 avril 1779, par l'armée navale du roi composée de vingt-deux vaisseaux, quatre frégates et trois corvettes, contre l'armée anglaise de vingt-un vaisseaux, trois frégates et un brick.

6 — Combat de la Surveillante contre le Québec anglais, du 6 octobre 1779.

7 — Combat en vue du fort royal de la Martinique, entre l'amiral Delamotte Piquet et l'amiral Hyde Parker, le 18 décembre 1779.

8 — Combat de la Praga, le 16 avril 1781, par l'escadre de l'amiral De Suffren, contre celle du commodore Johnstorme.

9 — Combat à la hauteur de Louisbourg, le 31 juillet 1781, par Lapérouse et De la Touche, commandant deux frégates, contre six vaisseaux anglais.

10 — Combat de M. de Grimouard, commandant le Scipion, contre le London anglais, le 6 octobre 1782.

11 — Combat livré le 19 février 1783, par les frégates la Nymphe et l'Amphitrite, commandées par M. de Mortemart, contre l'Argus anglais.

12 — Combat à la hauteur de Plimouth, le 17 août 1789, par les frégates françaises la Junon et la Gentille, contre le vaisseau anglais Dardent dont elles se sont emparées.

Cette suite de nos fastes maritimes de 1778 à 1783, a été peinte sous la direction de M. de Rossel, capitaine de vaisseau, en 1785, elle est encadrée uniformément dans des bordures sculptées de l'époque.

Cette suite peut convenir à la décoration de notre Musée de marine au Louvre, ou à un de nos grands établissements maritimes.

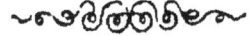

www.ingramcontent.com/pod-product-compliance
Lightning Source LLC
Chambersburg PA
CBHW030103230526
45471CB00003B/1230

# LA LIBERTÉ
### DES
# THÉATRES

AU POINT DE VUE DE

## LA PROVINCE

PAR

### Ch. LAVAL

PARIS
LIBRAIRIE THÉATRALE, BARBRÉ, ÉDITEUR
12, BOULEVARD SAINT-MARTIN

1864